RÉFLEXIONS

SUR LE PROJET DE LOI

RELATIF AUX FINANCES.

RÉFLEXIONS

SUR LE PROJET DE LOI

RELATIF AUX FINANCES.

PAR M. D. B***.

A PARIS,

CHEZ LES MARCHANDS DE NOUVEAUTÉS.

M. DCCC. XIV.

RÉFLEXIONS

SUR LE PROJET DE LOI

RELATIF AUX FINANCES.

***

Le projet de loi sur les finances qui vient d'être présenté à la chambre des députés des départements, peut donner lieu à beaucoup d'observations, tant à l'égard du chapitre des dépenses que de celui des recettes : je commencerai par les premières.

Je n'ai rien à dire sur les dépenses des différents ministères, puisque, n'en connaissant point les détails, je ne saurais juger de la convenance de la totalité. Mais la dette publique et les pensions, qu'on confond mal à propos avec la véritable dette publique, me fourniront plusieurs observations.

Le roi vient d'ordonner la restitution des propriétés particulières qui se trouvaient encore sous la main du fisc. Cette restitution a été un peu tardive ; mais enfin elle a eu lieu : cependant elle est incomplète, car on n'y a pas compris les rentes sur le grand livre, qui avaient été confisquées, et que Buonaparte avait rendues pendant un moment, au moins en partie : il serait juste certainement de les restituer comme les autres propriétés non aliénées. Je n'ai point de données précises sur le montant de ces rentes ; mais j'ai lieu de présumer qu'elles ne s'élèvent pas à plus de sept millions.

En outre, divers établissements et différentes personnes ont reçu, à titre gratuit ou autrement, des biens enlevés à des propriétaires particuliers ; ces biens aussi doivent être rendus. Quelques-uns de ces objets, il est vrai, avaient été donnés à des généraux ou autres officiers, dont les intérêts méritent toute considération ; mais il n'est pas digne de guerriers généreux d'être enrichis des dépouilles de leurs compatriotes, et il ne convient ni à eux ni à la France qu'ils tiennent le prix de leurs services d'ailleurs que de la munificence du roi. Toutefois en leur retirant des biens que sans doute ils n'ont reçus et ne gardent qu'à regret, il est juste qu'ils en reçoivent un plein dédommagement. Plusieurs généraux aussi, par des motifs qui n'ont rien que d'honorable pour eux, ont eu peu de part aux dons de Buonaparte. Pourquoi leurs services seraient-ils moins bien récompensés que ceux des autres ? Ces deux objets ne peuvent être remplis qu'au moyen d'une création de rentes perpétuelles, que je porterai à dix millions.

De plus, il conviendra d'acquitter en constitution de rente toute la partie de ce qui est dû, qui ne consiste pas en arrière de solde et autres objets semblables. Si la somme à payer ainsi se montait à cinq cents millions, ce serait vingt-cinq millions de rente à établir pour cet objet.

Enfin, parmi les sommes fournies par la caisse d'amortissement, et dont on déclare la dette éteinte par confusion, se trouve le produit de la vente de domaines appartenants à des émigrés ou à d'autres personnes. Si on trouve juste, comme il peut l'être en effet, de rembourser à des fournisseurs les sommes qu'ils ont avancées à Buonaparte,

volontairement et par l'appât d'un grand bé-
néfice, pour soutenir ces guerres insensées,
dont le dernier résultat a été de faire éprouver
à la France la honte de voir ce que jamais elle
n'avait vu, l'ennemi entrer en vainqueur
dans sa capitale et maître de n'y pas laisser
pierre sur pierre ; pourquoi ceux dont les
biens ont été malgré eux engloutis dans le
même gouffre, ne seraient-ils pas traités
avec une égale justice ? à moins que, par
l'effet d'une rare politique, on ne jugeât
qu'il est de la gloire et de l'intérêt du roi de
les punir de la fidélité qui avait servi de
cause ou de prétexte à leur spoliation. J'i-
gnore à quoi se monte le produit de ces sor-
tes de ventes ; mais quand il s'élèverait à
cent millions, ce ne serait jamais que cinq
millions de rente à créer en faveur des propriétaires dépouillés : ce qu'on peut bien
leur accorder, si l'on en accorde vingt-cinq
aux autres.

Ces quatre articles réunis aux soixante-
trois millions de rentes perpétuelles préexis-
tantes, donneront une somme de cent dix-
millions ; et cent dix millions de rentes perpétuelles exigent un fonds d'amortissement

de vingt-deux millions : mais comme sur ces soixante-trois millions de rentes anciennes, près de cinq appartiennent à la caisse d'amortissement, ce ne sera que dix-sept millions qu'il y aura à fournir pour cet article.

Les rentes viagères encore existantes sont évaluées à treize millions.

Et comme le ministre des finances porte à cent millions la totalité des rentes et des pensions qu'il compte faire payer en 1815, il en résulte que les pensions entrent dans ce calcul pour vingt-quatre millions.

Le ministre ne dit pas quelle part les pensions ecclésiastiques prennent dans cette somme. M. Hennet, qui, en sa qualité de premier commis des finances, a dû pouvoir se procurer des renseignements exacts, les porte à 14 millions. Mais ces pensions, réduites à un taux si bas, qu'on semble ne les laisser subsister que comme un monument de la spoliation qui a donné lieu à leur établissement, doivent être rétablies sur leur pied primitif; car, de ce que de vieux prêtres et de pauvres religieuses ne sont pas des gens fort à craindre, ce n'est pas une raison suffisante pour les laisser mourir de faim, lorsque ceux qui ont acquis, souvent à vil prix, les biens dont ils jouissaient, vivent en paix dans l'abondance. Ces pensions ainsi rétablies, s'élèveraient à quarante-deux millions.

Si, sur vingt-quatre millions de pensions il y en a quatorze de pensions ecclésiastiques, c'est dix millions qui restent pour les autres.

En récapitulant ces différentes sommes, on aura :

Rentes perpétuelles........	110 mil.
Fonds d'amortissement....	17
Rentes viagères..........	13
Pensions ecclésiastiques...	42
Pensions diverses.........	10
	192

Le ministre n'ayant demandé pour cet objet que....... 100 mil.

C'est de plus............. 92

Ainsi la dépense, au lieu d'être de.................. 547,700,000

Serait de................ 639,700,000

Mais la difficulté sans doute n'est pas d'augmenter l'état des dépenses ; tout consiste à trouver des ressources pour y faire face. Je me hâte donc d'en venir à cet objet, sans m'arrêter même à examiner les mesures proposées par le ministre des finances pour parvenir à un but semblable ; car il serait fort inutile de montrer les inconvénients que peuvent avoir les mesures proposées par lui, si on n'avait rien de meilleur à mettre à la place.

C'est une chose toujours digne de remarque, bien qu'elle ait été mille fois remarquée, que ce ne soit qu'après avoir épuisé, pour ainsi dire, les combinaisons les plus compliquées et souvent les plus absurdes, que les hommes parviennent, sur quelque matière que ce soit, à ces idées claires et simples qui sembleraient avoir dû les frapper dès les premiers moments de leurs méditations. Sans rechercher ici la cause de cette apparente singularité, il est certain qu'en considérant la diversité et la multitude d'impôts qui existent dans tous les états de l'Europe, la bizarrerie de quelques-uns, les inconvénients reconnus de presque tous, on ne peut s'empêcher de croire qu'à cet égard aussi on est loin d'avoir commencé par ce qu'il y avait de plus simple. Essayons, en écartant même toute discussion sur la nature de l'impôt et de la richesse, de trouver quelque chose d'un peu moins embarrassé que ce qui a été en usage jusqu'à présent.

Le savant et exact Lavoisier, dans son *Essai sur la richesse territoriale de la France*, porte à huit millions le nombre des habitants des villes et des gros bourgs, en n'y comprenant pas ceux d'entre eux qui se livrent aux travaux de l'agriculture. Ce ne sera donc pas faire une supposition exagérée que d'estimer à cinq millions la totalité de la population des villes de France qui ont deux mille cinq cents habitants et au-dessus, en comprenant dans ce nombre ceux que Lavoisier n'a pas compris dans son calcul. Si l'on considère que, selon le même Lavoisier, la consommation de chaque individu, l'un portant l'autre, est évaluée à cinq quintaux de blé par an, on jugera que c'est rester beaucoup au-dessous de la vraisemblance que de ne porter la quantité des choses de toute espèce qui entrent dans

les villes de deux mille cinq cents habitants
et au-dessus, pour y être employés directe-
ment ou indirectement à l'usage de l'homme
et des animaux, aux travaux des manufac-
tures ou d'une autre manière quelconque,
à cent quintaux par tête chaque année, c'est-
à-dire au vingtuple seulement de la quantité de blé que chacun de ces individus,
l'un portant l'autre, consomme dans le même
espace de temps. Cinq millions multipliés
par cent, donnent cinq cents millions; si
donc l'on établissait un droit de vingt sols
par quintal sur tout ce qui entre dans chaque ville de deux mille cinq cents habitants et au-dessus, on aurait un produit de
cinq cents millions.

Cependant, une telle taxe réunirait tous
les avantages bien connus (et qu'il est par
conséquent superflu de rappeler ici) des
contributions indirectes, sans avoir aucun
des inconvénients qu'on a reprochés juste-
ment à plusieurs de ces contributions. Elle
porterait légèrement sur tout et fortement
sur rien : car elle ne serait que d'un centime
par livre , et il n'y a guère assurément
de marchandise si vile, qui ne pût faci-

lement supporter un tel droit. Elle porterait, il est vrai, sur les denrées de première nécessité, comme sur les autres ; mais, outre qu'il n'est rien moins que démontré que ce soit là un inconvénient, s'il y en avait, il serait bien léger, puisque l'impôt serait bien faible, et il en atteindrait même plusieurs bien moins fortement que ne font aujourd'hui les octrois municipaux : elle pèserait plus, comme cela est juste, sur les consommateurs les plus riches, puisqu'ils consomment davantage ; mais elle atteindrait tout le monde, et non seulement les habitants des lieux où elle serait établie, mais encore les étrangers qui y séjournent, et les habitants des campagnes environnantes, qui se pourvoient pour la plupart, dans les villes, d'une partie des objets de leur consommation : ce qui, selon les lieux, en augmentant le nombre présumé des contribuables, augmente d'autant le produit présumé de l'impôt, ou, en le répartissant sur un beaucoup plus grand nombre de têtes, diminue, dans la même proportion, la charge de chacune d'elles. La perception en serait simple et facile, puisqu'il ne s'agirait que de constater le poids des marchandises ; ce qu'on ferait par l'établissement de ponts à bascules , tels qu'il en existe en Angleterre pour la perception de la taxe des barrières , et qu'on en a construit quelques uns en France dans ces derniers temps. Elle ne donnerait lieu par conséquent à aucune recherche gênante , ni à aucune vexation de la part des agents du fisc ; elle serait peu coûteuse à lever , car quelques commis à chaque barrière suffiraient pour la percevoir, et les frais ne s'en élèveraient peut-être pas à une somme beaucoup plus forte que ceux des octrois municipaux ; peut-être pourrait-on établir dans chaque pont à bascule quelque mécanique qui indiquât la quantité de marchandises pesées dans un certain temps : ce qui préviendrait toute fraude de la part des employés. Comme le droit serait léger, il y en aurait peu à craindre de la part de ceux qui devraient l'acquitter , puisqu'il en coûterait ordinairement pour éluder l'impôt autant ou plus que la valeur de l'impôt même. Rien n'empêcherait d'accorder à ceux qui feraient entrer une certaine quantité de marchandises à la fois , la faculté de payer la taxe en effets à terme, comme cela a lieu pour les droits de douane ; ce qui préviendrait toute surcharge résultant de l'avance de l'impôt.

Toute la controverse qui pourrait s'élever sur cette matière , se réduirait nécessairement aux points suivants :

1°. La population des villes de France de deux mille cinq cents habitants et au-dessus, s'élève-t-elle, ou non, à cinq millions d'habitants ? Il est facile de s'en assurer, attendu qu'il doit exister au ministère de l'intérieur des renseignements certains à cet égard.

2°. Ce qui entre dans cette classe de villes , qui comprend la capitale, toutes les grandes villes, les villes de commerce et de manufacture, pour y être manufacturé, exporté par terre et par mer, et consommé non seulement par les habitants , mais encore par les étrangers qui s'y trouvent et par les gens de la campagne qui s'y approvisionnent, se monte-t-il au vingtuple de ce que consomment en blé ces mêmes et seuls habitants ? Je ne crois pas qu'on puisse élever de doute sur cela ; on jugera sans doute, au contraire, que j'ai fait une évalution au-dessous de la vraisemblance ; aussi ne l'ai-je faite telle, que parce que, dans des calculs de cette espèce, on doit toujours prendre les données les plus faibles, et la faiblesse de celle-ci ferait certainement plus que compenser l'erreur qu'il pourrait y avoir, s'il y en avait en effet, dans l'estimation du nombre d'habitants qui sert de base à ce calcul.

3°. Le droit d'un franc par quintal ordinaire, ou d'un centime, c'est-à-dire, deux deniers deux cinquièmes par livre, est-il trop fort ? Des cerises ou des allumettes peuvent, ce me semble, supporter un tel droit. Qu'est-ce donc qui ne le supportera pas aussi ? En tout cas, en réduisant le droit à moitié, on aurait encore deux cent cinquante millions ; somme qui vaudrait la peine d'être levée, et qui remplacerait avantageusement les droits réunis, qu'on s'obstine à maintenir, malgré la promesse formelle qu'on avait faite de les supprimer.

Ainsi, si la quantité de la matière imposable est telle que je l'ai évaluée, on aura le produit présumé de cinq cents ou de deux cent cinquante millions, selon la quotité du droit ; et, si elle est plus considérable , on aura un produit plus fort avec un droit égal , ou un produit égal avec un droit plus faible.

4°. Dira-t-on qu'une telle taxe , bonne à lever dans une grande ville ou une place de commerce , serait trop lourde pour une petite ville de l'intérieur ; que si l'on estime à cent quintaux par tête la consommation d'une telle ville , et qu'on soumette cette consommation à un droit de vingt sous par quintal , ce sera l'imposer à deux cent cinquante mille francs, ou cent francs par tête, somme qu'elle ne pourra pas payer ? Mais il est clair qu'en évaluant à cent quintaux par tête la consommation de la population totale des villes de deux mille cinq cents habitants et au-dessus , on n'a pas voulu dire qu'elle fût effectivement telle dans chacune de ces villes. Elle est peut-être de deux cents quintaux et plus à Paris ou à Bordeaux , et de moins de quarante dans cette petite ville ; et le produit de la taxe sera payé, non pas par les deux mille cinq cents habitants, mais par les quinze ou vingt mille du canton ou des cantons environnants , dont elle est comme le centre et le marché ; et ainsi l'impôt, au lieu d'être de cent francs par tête, ne sera peut-être pas de cinq ou six.

Trop peu de têtes sont à l'unisson des idées justes et simples, trop d'intérêts particuliers contrarient l'intérêt public, pour qu'on ne doive s'attendre à aucune résistance, lorsqu'on propose des mesures qui s'éloignent de la routine ordinaire et peuvent déranger les vues de la cupidité. Néanmoins, que peut-on opposer à des calculs si clairs et d'une évidence si palpable? Quelle objection raisonnable peut-on faire à un mode d'impôt si simple, puisque la seule difficulté spécieuse qu'on pût y trouver, celle de distinguer les objets qui entrent dans une ville pour y être consommés, de ceux qui ne font que la traverser, est déjà levée par l'usage et les réglements des octrois municipaux, qui, comme on sait, ne portent que sur les choses destinées à la consommation des lieux où ils sont établis, et non sur celles qui ne font qu'y passer en transit; et, d'une autre part, à quoi serait-il bon que deux corps nombreux concourussent avec le souverain à la confection des lois, si leur attention vigilante ne distinguait et n'accueillait les idées qui peuvent contribuer au bien public, et si leur influence ne servait à éclairer la religion du prince et l'opinion publique, et à renverser les obstacles que l'intérêt privé oppose trop souvent à celui de l'état.

Mais cinq cents millions étant insuffisants pour faire face aux dépenses publiques, il faut pourvoir par d'autres moyens au surplus de la dépense.

La contribution foncière pourrait être fixée à cent cinquante millions en principal, et trente en centimes additionnels, ce qui ferait cent quatre-vingts millions.

M. Sabatier croit pouvoir fournir les moyens de faire rapporter quarante-trois millions à l'impôt sur le sel, en réduisant le droit à deux sous la livre, et trente à celui sur le tabac, ce qui donnerait soixante-treize millions; et le ministre des finances évalue ces deux objets réunis à cinquante-cinq millions. En prenant entre ces deux nombres un terme moyen, plus rapproché du dernier que du premier, on peut évaluer le produit de ces deux impôts à soixante millions.

Le ministre des finances estime celui des droits et revenus dont la perception est confiée à la régie de l'enregistrement, à cent vingt millions, produit qui, en égard à l'activité que la paix doit donner aux transactions, peut être espéré, même après la suppression du décime de guerre, qui ne saurait subsister en temps de paix.

On doit ajouter pour le produit des douanes, des postes et articles divers, vingt-cinq millions.

Ainsi on aura pour le revenu de 1815,

Octrois royaux........................	500 millions
Contribution foncière.............	180
Sel et tabac.....................	60
Régie de l'enregistrement........	120
Douanes, postes et articles divers.	25
TOTAL......	885
Dépense......................	640
Reste......	245

Il reste donc deux cent quarante-cinq millions pour couvrir les erreurs que j'ai pu commettre en moins dans l'estimation des dépenses, en plus dans celle des recettes, et pour acquitter la portion de l'arriéré non payable en rente, qui aura pu être liquidée en 1814.

Ayant ainsi pourvu aux besoins du service, je suis dispensé de faire sentir l'exorbitance d'une contribution foncière de deux cent soixante-quinze millions, à lever dans un pays dont un tiers vient d'être ravagé par la guerre, et l'impossibilité de la faire acquitter autrement qu'à la pointe des baïonnettes. Je suis dispensé aussi d'examiner les mesures désastreuses de la vente de trois cent mille hectares de bois, et d'une création illimitée d'assignats, payables seulement dans trois ans, et sans autre gage que l'excédant de la recette sur la dépense, excédant fort peu assuré, puisque le ministre des finances met en doute si on pourra obtenir le paiement des droits sur les boissons qui doivent le former. Je me bornerai à faire remarquer que les bois ne pouvant être vendus qu'en portions considérables à des compagnies de spéculateurs, et les nouveaux assignats ne pouvant éviter de devenir un objet d'agiotage aussitôt qu'ils auront été émis, la seule raison bonne et honnête qu'on puisse donner en faveur de ces deux mesures, c'est qu'elles ne manqueront pas de fournir à des gens de bien, les plus belles occa-

sions du monde de faire d'excellentes af-
faires.

Ce n'est pas qu'on ne puisse, pour acquitter plutôt la dette exigible et activer la cir-
culation, émettre des billets du trésor royal,
comme l'a proposé le ministre des finances,
mais à un intérêt moins usuraire que huit
pour cent, et à une condition qui ne per-
mette aucun agiotage, comme je le propo-
serai tout à l'heure.

Si le produit des impôts simples et modé-
rés que j'ai proposés, et qui sont encore susceptibles d'amélioration, s'élevait au taux
que j'ai présumé, ou même au-delà, comme
je me crois fondé à espérer que cela peut ar-
river, on se déciderait apparemment à abor-
der une question qui aurait dû être examinée
des premières dans l'ordre de la justice, celle
des moyens d'indemniser de la perte de leurs
biens les propriétaires spoliés pendant le
cours de la révolution. Je m'abstiendrai,
pour ne pas multiplier les points de discussion de ce mémoire, de rien dire ici sur la
convenance d'une telle mesure sous les rap-
ports de la justice et de la politique, comme
aussi de ne présenter aucune vue sur les

moyens à prendre pour y parvenir. Revenant donc à l'objet direct de ces réflexions, je prendrai la liberté de proposer à qui de droit de substituer au projet de loi présenté par le ministre des finances à la Chambre des Députés des départements, un autre projet, dont les principales dispositions seront de la teneur suivante.

I. *Restitutions et Indemnités.*

1. Tous les biens confisqués par suite des événements de la révolution, qui se trouvent encore actuellement sous la main du fisc, et ceux qui ont été donnés, à quelque titre que ce soit, à des etablissements quelconques ou à des particuliers, seront restitués aux propriétaires légitimes ou à leurs héritiers.

2. Toutes les donations faites à quelque personne que ce soit, par les divers gouvernements révolutionnaires qui ont existé en France depuis le 10 août 1792 jusqu'au 12 avril dernier, sont révoquées.

3. Il sera créé jusqu'à concurrence de dix millions de rentes perpétuelles, pour être distribuées, par le roi, aux généraux et au-

tres officiers que leurs services en rendent dignes.

4. Les rentes perpétuelles et viagères appartenant à des particuliers, qui ont été supprimées, seront rétablies, à compter du semestre courant.

5. A compter également du semestre courant, les propriétaires de biens vendus par la caisse d'amortissement, seront indemnisés de la perte de ces biens, en rentes perpétuelles sur le pied de cinq pour cent du montant de la vente.

6. A compter de la même époque, les pensions ecclésiastiques seront rétablies sur le pied fixé par le..... du.....

II. *Caisse royale de la Dette publique.*

7. Il sera établi une caisse particulière, qui sera exclusivement chargée du paiement des intérêts de la dette publique perpétuelle et viagère, et de l'amortissement du capital de la dette perpétuelle. Elle portera le nom de *Caisse Royale de la Dette publique.*

8. Aucune rente perpétuelle ou viagère ne pourra être créée qu'en vertu d'une loi.

9. A compter du 1er. janvier prochain, il sera formé un fonds d'amortissement égal au cinquième des rentes perpétuelles qui seront reconnues exister à cette époque.

Si de nouvelles rentes venaient à être créées par la suite, le fonds d'amortissement serait augmenté en même temps d'une somme égale au cinquième de ces rentes.

Le fonds d'amortissement sera accru par l'accumulation des rentes perpétuelles qu'il aura servi à acquérir, et par les rentes viagères qui viendront à s'éteindre.

Les rentes perpétuelles qui appartiendront à la caisse à l'époque du 1er. janvier prochain, feront partie du premier fonds d'amortissement.

III. *Etablissement des Octrois Royaux.*

10. Il sera établi le plus promptement possible dans tous les lieux dont la population, y compris celle de leur territoire, est de 2,500 habitants et au-dessus, un octroi royal.

11. Cet octroi sera perçu, à raison d'un franc par quintal ordinaire, sur tout ce qui

entrera dans ces villes pour y être employé ou consommé d'une manière quelconque.

12. A compter du 1er. janvier prochain, le produit des octrois royaux sera affecté, jusqu'à due concurrence, au paiement des intérêts de la dette publique et du fonds d'amortissement, des pensions, des dépenses civiles et de celles du culte.

En conséquence, les octrois royaux sont établis pour une durée de....., à compter du 1er. janvier prochain.

13. A compter de la même époque, les sommes nécessaires pour les dépenses des communes auxquelles il était pourvu par les octrois municipaux, pourront être levées par voie de centimes additionnels aux octrois royaux.

IV. *Dépenses et Recettes de 1814.*

14. Les contributions ordinaires qui ont été levées en 1813, le seront également en 1814, sauf les changements déterminés par les articles suivants.

15. Tous les droits sur les liquides seront supprimés dans chaque lieu, à compter du

jour où l'octroi royal y sera établi, et dans la totalité de chaque arrondissement communal, à compter du jour où il l'aura été dans tous les lieux de l'arrondissement qui en seront susceptibles.

16. Les octrois municipaux seront supprimés dans chaque ville, à compter du jour où l'octroi royal y sera établi : il pourra être pourvu, s'il y a lieu, sur le produit de cet octroi, à ce qui sera nécessaire aux dépenses de la commune pour le reste de l'année.

17. Les contributions extraordinaires établies par l'ordonnance de MONSIEUR, frère du Roi, lieutenant général du Royaume, du..... seront perçues jusqu'à leur entier paiement.

18. Il est ouvert au gouvernement un crédit de........ pour les dépenses de l'année.

19. Il pourra être fait remise par le roi, aux communes qui ont le plus souffert des maux de la guerre, de telle partie de leurs contributions que S. M. jugera convenable.

V. Dépenses et recettes de 1815.

20. Les contributions ordinaires qui auront été levées en 1814, le seront également en 1815, sauf les changements suivants :

1°. La contribution foncière sera réduite à cent cinquante millions en principal, et trente en centimes additionnels.

2°. La contribution mobilière et personnelle, celle des patentes, celles des portes et fenêtres, la loterie et les décimes de guerre établis sur différentes contributions, seront supprimés.

3°. Le droit sur le sel sera réduit à deux sous la livre.

4°. Les droits sur le tabac seront réduits à trente millions.

21. Il sera mis à la disposition du roi une somme de........ pour les dépenses de l'année.

VI. *Dépenses arriérées.*

22. Il sera créé jusqu'à concurrence de vingt-cinq millions de rentes perpétuelles,

pour le paiement des dépenses antérieures au 1er. avril 1814, qui ne consistent pas en solde et autres objets pareils.

23. Le surplus de l'arriéré sera payé sur l'excédant de la recette sur la dépense des années 1814 et 1815.

Si cet excédant ne suffisait pas, il y serait pourvu sur celui de 1816.

VII. *Création de billets du trésor royal.*

24. Il pourra être émis d'ici au 1er. janvier 1816, jusqu'à concurrence de trois cents millions de billets du trésor royal dans les coupures de mille, cinq cents, et cent francs.

25. Ces billets porteront intérêt pendant un an, à compter du jour de leur date, à cinquante-deux cinquièmes pour cent, à raison d'un centime et demi par jour pour cent francs, chaque mois étant supposé de trente jours.

26. Les billets du trésor royal n'auront aucun cours forcé de monnaie ; ils seront payables à vue, avec les intérêts échus jusqu'au jour de la présentation, à une caisse particulière qui sera établie à cet effet, à

moins que la banque de France ne se charge de ce service.

27. Les émissions de billets du trésor royal auront lieu à mesure des besoins du service, en vertu d'ordonnances du roi, qui détermineront la date de l'émission et la quantité de billets de chaque coupure qui devra être émise.

FIN.